Alan Breck Stewart comes aboard the [CAPE WRATH]

ISLE of LEWIS

THE MINCH

Little Minch

ISLE of SKYE

Territories of selected clans
STEWART

David Balfour's route

Sea route of the Covenant

0   25 Miles

25 Kilometers

KIDNAPPIT

The Mindins o the Splores o David Balfour in the year 1751: Hoo he wis Kidnappit an Coost Awa; his Tholins in a Scabbit Isle; his Stravaigins in the Raucle Hielans; his Acquaintance wi Alan Breck Stewart an ither kenspeckle Hielan Jacobites; wi aw that he tholed at the haunds o his Uncle, Ebenezer Balfour o Shaws, fausely sae-cried;

Scrievit by his ainsel, an noo set furth by Robert Louis Stevenson. Wrocht anew by Alan Grant an illustratit by Cam Kennedy, here atower translatit intae Scots by Matthew Fitt an James Robertson.

ISLE of Canna

RHUM I.

MORAR

ARISAIG

LOCHABER

LOCH LOCHY

LOCH NESS

CAMERON

Ben Alder

GRAMPIAN MOUNTAINS

LOCH ERROCHT

STEWART

Coll I.

ARDNAMURCHAN

MAMORE

Ardgour

Balachulish

LOCH LEVEN

Koalisnacoan

LOCH RANNOCH

Duror

ISLE of MULL

MORVEN

APPIN

GLEN COE

Glenure

GLEN LYON

ATHOLL STEWART

Ben More

Ross of Mull

CAMPBELL

GLENORCHY

GLEN LOCHAY

GLEN DOCHART

LOCH TAY

CAMPBELL

Iona I.

FIRTH of LORN

CAMPBELL

MacLAREN BALQUHIDDER

Strathyre

Torran Rocks

Earraid I.

Shipwreck of the Covenant

Kinnes

OCHIL HILLS

FIFE

Colonsay I.

Inv...

Alloa

Clackmannan

Limekilns

Stirling

Dysart

Jura I.

Carriden

Queensferry

Cramond

Linlithgow

Little

Isle of Islay

Glasgow

Edinburgh

Kintyre

Isle of Arran

Forth of Clyde

to Ettrick Forest (David's home)

ON THE FORENOON O THE SECOND DAY,
RAXIN TAE THE HEID O A BRAE, I SAW AW THE
KINTRA FAW AWA AFORE ME DOUN TAE THE SEA;
AN IN THIS DEEP HOWE, ON A LANG RIGG, THE
CITY O EMBRA REEKIN LIKE A KILN.

THERE WAS A FLAG ON TAP O THE **CASTLE**,
AN SHIPS LIGGIN AT ANCHOR IN THE FIRTH. I
COULD MAK THEM BAITH OOT CLEARLY, AN BAITH
BROCHT MA MUIRLAND HERT INTAE MA MOOTH.

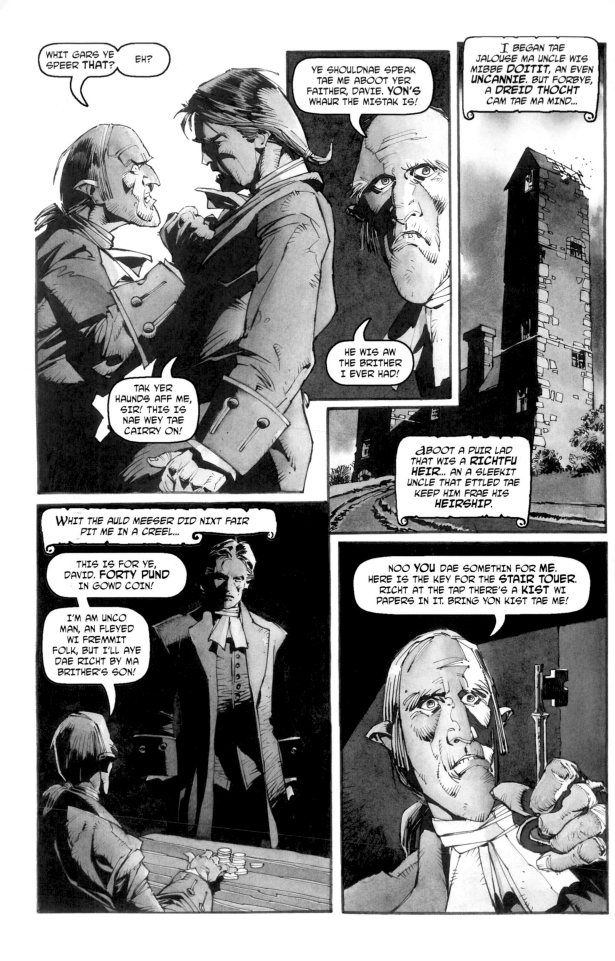

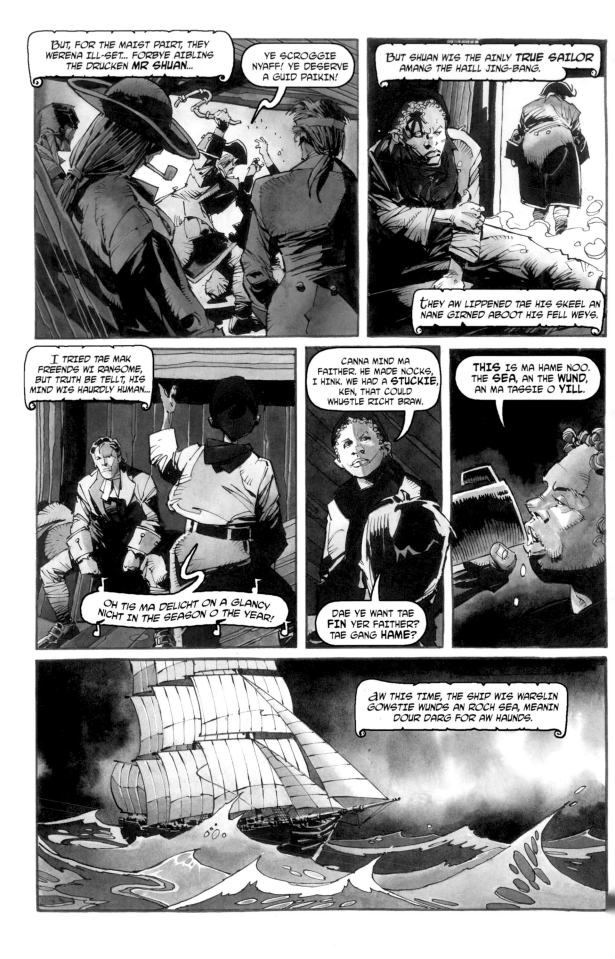

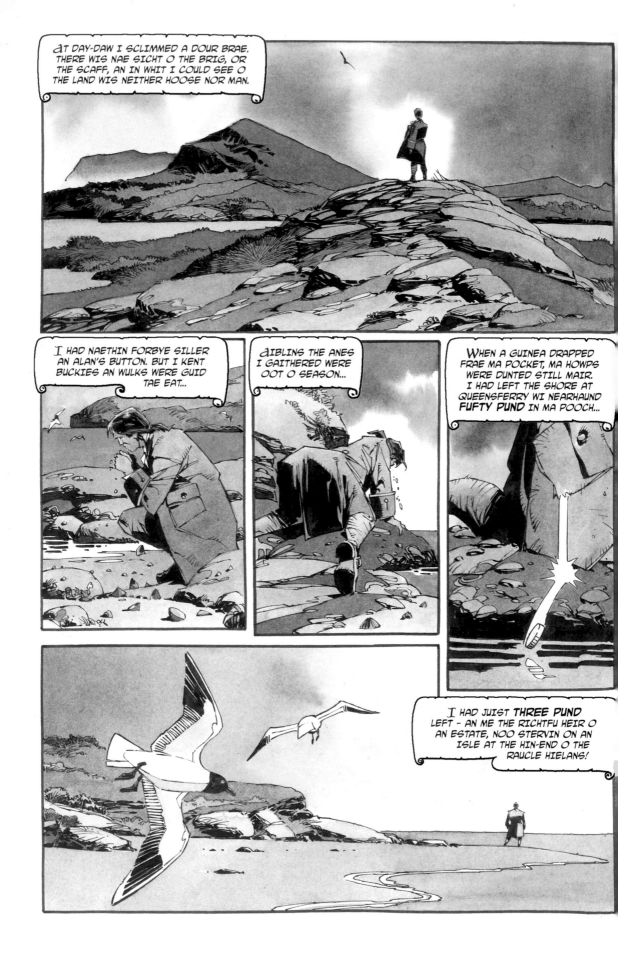

AT DAY-DAW I SCLIMMED A DOUR BRAE. THERE WIS NAE SICHT O THE BRIG, OR THE SCAFF, AN IN WHIT I COULD SEE O THE LAND WIS NEITHER HOOSE NOR MAN.

I HAD NAETHIN FORBYE SILLER AN ALAN'S BUTTON. BUT I KENT BUCKIES AN WULKS WERE GUID TAE EAT...

AIBLINS THE ANES I GAITHERED WERE OOT O SEASON...

WHEN A GUINEA DRAPPED FRAE MA POCKET, MA HOWPS WERE DUNTED STILL MAIR. I HAD LEFT THE SHORE AT QUEENSFERRY WI NEARHAUND **FUFTY PUND** IN MA POOCH...

I HAD JUIST **THREE PUND** LEFT – AN ME THE RICHTFU HEIR O AN ESTATE, NOO STERVIN ON AN ISLE AT THE HIN-END O THE RAUCLE HIELANS!

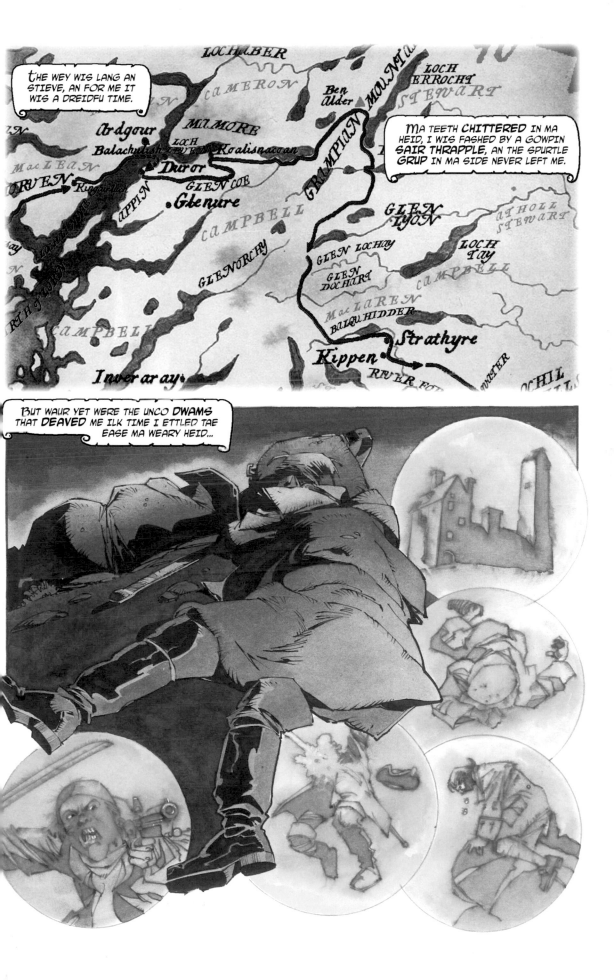

WE STEYED FOR NEARHAUND A **MONTH** AT THE HAME O A MacLAREN IN THE **BRAES O BALQUIDDER**. HERE A **DOCTOR** WIS CAWED THAT TENDIT TAE ME DAY AN DAY.

IT WIS FAUR THROUGH **AUGUST** WHEN I STERTIT AGAIN ON MA TRAIVELS. OOR SILLER WIS AW BUT GANE, SAE IT WIS **IMPERATIVE** I FIN THE LAWYER **RANKEILLOR**.

THE **BRIG** AT **STIRLIN** BEIN WEEL-GUAIRDIT WI **REIDCOATS**, ALAN REDD UP A BOAT TAE TAK US OWER THE WATTERS...

AN AT LANG, LANG LEST I CAM HAME TAE THE LAWLANDS.

RANKEILLOR CAM WI ME TAE NEWHAWS, AN I WHUSTLED THE **SIGNAL** THAT HAD BEEN AGREED...

WE TELLT ALAN – OR SHOULD I SAY, **MR TAMSON** – MA PLOY, AN AW THREE O US SET AFF TAE PLEY OOT THE FINAL ACT...

NICHT HAD FAWEN WHEN WE CAM IN SICHT O THE HOOSE O SHAWS. AS WE DREW NEAR, WE SAW NAE FLICHTER O LICHT IN ONY PAIRT O THE BIGGIN...

THE LAWYER AN I CREEPIT SAFTLINS UP AN HUNKERED DOUN ASIDE THE HOOSE NEUK...

WHILE ALAN MAIRCHED UP AN GIED THE DOOR A LOUD RAMIEGEISTER...

EBENEZER BALFOUR I WID HAE WORD WI YE!

AS FOR HOO MUCKLE – WHIT DID YE PEY **HOSEASON** TAE **KIDNAP** THE LAD AT THE FIRST AFF-GANG?

TWINTY PUND. AN HE'D HAE GOT AS MUCKLE **MAIR** WHEN HE **SELLT** THE BOY IN CAROLINY!

THANK YE, MR BALFOUR. A MAIST **BRAW** CONFESSION.

RANKEILLOR!

OH, MICHTY ME! D-D-**DAVID!**

GUID EEN TAE UNCLE

AN THAT WE DID. EBENEZER AGREED TAE PEY ME **TWA-THIRDS** O THE TOWMOND INCOME AT SHAWS. SAE THE CADGER HAD CAM HAME, AN NOO I WIS A **MAN O PAIRTS** AN HAD A **NAME** IN THE KINTRA.

COME COME, MR EBENEZER. DINNA BE DOUN-HERTIT. WE WULL MAK **EASY TERMS** WI YE, SIR!

NIXT DAY, ALAN AN I SHAUCHLED DOUN THE ROAD, WI NAE SMEDDUM TAE WALK OR GAB. WE WERE NEAR THE TIME O OOR **PAIRTIN**, AN MINDIN O AW THE **BYGANE DAYS** SAT SAIR UPON US.

WE CAM THE BACK GATE OWER THE BRAE O **CORSTORPHINE**, AN GLOWERED DOUN ON THE MOSS AN OWER TAE THE CITY AN THE CASTLE ON THE HILL. AN WE KENT WE HAD CAM TAE WHAUR OOR ROADS PAIRTED.